Braulik/Psalmen

Georg Braulik OSB

PSALMEN
beten in Freude und Leid

Herder
Wien · Freiburg · Basel

Sigismund Pawlowsky OSB
in Dankbarkeit gewidmet

Filmsatz und Offsetdruck: Ferdinand Berger & Söhne
Gesellschaft m.b.H., 3580 Horn
Umschlaggestaltung: Reinhard Klein
Bestellnummer ISBN 3-210-24.681-5

Vorwort

Die Beter unserer Zeit haben die Psalmen wiederentdeckt – nicht auf der Flucht in eine traditionalistische Restauration überkommener Formeln „vorspiegelnd altgewesene Vertrautheit“ (M. L. Kaschnitz), sondern betroffen von Worten, in denen „man sich restlos unterbringt, mag man noch so zerstreut und ungeordnet und angefochten sein“ (R. M. Rilke). Die Sprache dieser alttestamentlichen Gebete ist weder der gleichgeschaltete Modejargon unseres Alltags noch das Kunstgewerbe-Vokabular liturgischer Gebrauchstexte. In ihr äußert sich über die kulturelle Distanz von Jahrtausenden hinweg und trotz der Metaphern eines mythologischen Weltbildes ebenso lebensnah – gleichsam mit jagendem Puls und heißem Atem – wie erfahrungsgesättigt, was immer dem Menschen widerfahren kann. Nun sind die Grenzen meiner Sprache, auch der religiösen, zugleich weithin die Grenzen der Verwirklichung meines Selbst, auch als eines Beters. Wer daher gelernt hat, sich selbst ebenso echt und ausdrucksstark mitzuteilen wie die Psalmisten, ist fähig, auch mit anderen zu kommunizieren, vermag sich schließlich Gott zuzusprechen und ihm zu entsprechen.

Die Psalmen, diese Enzyklopädie des Lebens und Synthese der Bibel, formulieren meine geheimen Ängste, nehmen meine Schmerzen ernst, ja respektieren sogar meine ungeläuterten Gemütsstimmungen, die sonst unausgesprochen oder unbewußt im Inneren gefangen bleiben, es terrorisieren und vergiften. Sie benennen aber auch meine Sehnsüchte, wecken meine Glücksfähigkeit und beseitigen so seelisch versteppte Zonen in mir. Sie protestieren kraftvoll gegen alle Mächte und Ideologien, die den Sinn menschlichen Daseins zerstören oder es seiner Werte berauben. Indem sie früherer Gefährdung und Rettung gedenken und diese erinnernd vergegenwärtigen, stiften sie noch inmitten menschlicher Hoffnungslosigkeit ein Vertrauen, das im Ja zum Du Gottes jede Situation bewältigt.

Trotz ihres persönlich engagierten Tones dürften die Psalmen freilich zumeist nicht als unmittelbare Selbstdarstellungen von Einzelschicksalen entstanden sein. In ihnen hat sich vielmehr Typisches verdichtet. Wer die Redeweise dieser Gebetsmodelle zu seiner eigenen zu machen wagt, solidarisiert sich daher mit der Schar all derer, die Ähnliches durchlitten oder bejubelt und darin das Antlitz Gottes entdeckt haben. Er praktiziert eine Gemeinschaft des Glaubens.

Das kontrastreiche Sprechen der biblischen Beter mit Gott und vor ihm sammelt sich in den Psalmen vor allem in zwei Brennpunkten: dem Preisen, das auch den Dank in das Lob einbindet, und dem Flehen, das Klage und Bitte umfaßt. Diese beiden Grundgattungen entsprechen zugleich den Ursituationen allen menschlichen Erlebens. Die Meditationen dieses Büchleins interpretieren je ein charakteristisches Beispiel der zwei Gebetsarten: einen Dankpsalm und ein Klagelied, das jedoch aus dem Jeremiabuch stammt. In beiden kommen jeweils Freude und Leid zu Wort: Der Psalm steigert sich vor dem Horizont durchlittener Abwesenheit Gottes zum enthusiastischen Lob, das sich im Freudentanz seinen vitalen Ausdruck schafft; die Jeremiade aber wird sich des verborgen anwesenden Gottes gewiß und ringt sich zu triumphierendem Preisen durch. Im übrigen soll die Kommentierung eines „Bekenntnisses" des Propheten Jeremia darauf aufmerksam machen, daß sich der Texttyp „Psalm" nicht nur im Psalter, sondern auch in vielen anderen Büchern des Alten Testamentes findet. Die Auswahl der Beispiele ermöglicht es ferner, moderne Probleme mit „vorchristlichem" Beten, aber auch

Schwierigkeiten des Betens überhaupt zu thematisieren. Methodisch zielt schließlich der erste Teil auf eine Hermeneutik des Psalmengebetes, zeigt also an einer konkreten Auslegung, wie die Aktualisierung an gemeinsamen grundlegenden Erfahrungen der Menschen von einst und heute ansetzen könnte. Der zweite Teil verdeutlicht dann die Verbindung des Betens mit dem Auftrag, Gottes Wort auch in Konflikten durchzutragen und weiterzusagen. Beide Besinnungen versuchen, eine einfache Anleitung und einige praktische Impulse für den Umgang mit den Psalmen zu geben, damit jeder, der sich mit ihrem Loben und Flehen identifiziert, auch seine eigene Freude und sein eigenes Leid betend besteht.

Inhalt

Psalmen beten aus den Erfahrungen des Lebens

Heute beten?

Kann man zu Gott noch sprechen nach einem Holokaust unzähliger Menschenopfer und in einer von Wissenschaft und Technik entmythisierten, verweltlichten Welt? So fragt man uns, und so fragen auch wir selbst. Denn unser Glaube ist heute ausgespannt zwischen dem Tod Gottes und der Leere seines Grabes. Muß dann nicht in einer von Gotteserfahrung entblößten Religion das Gebet verstummen? Was mich nicht betroffen macht, läßt mich selbst wortlos und außerdem unfähig, mit anderen klagend mitzuleiden oder lobend mich mitzufreuen. Freilich: gerade in der Hölle von Auschwitz ist gebetet worden, haben Menschen aus ihrer tiefsten Erniedrigung zu Gott gerufen und in höchster innerer Freiheit ihn sogar zu preisen vermocht. Aber auch das Pathos eines aufgeklärten Weltbildes hat Gott weder zur Illusion verflüchtigen noch von der irdischen Wirklichkeit isolieren können. Zwar meinen viele, es sei für die religiöse Erfahrung heute charakteristisch, keine religiöse Erfahrung mehr zu haben. Doch bleibt immerhin, daß uns das Fehlen Gottes betroffen macht. Signalisiert diese Erfahrung nicht ein Sehnen, das mehr ist als ein Nachholbedarf angesichts einer einst christlich geprägten Geschichte? Und beweist nicht die schmerzlich verspürte Abwesenheit Gottes ein verborgenes Bemühen, das Fundament des Lebensgefüges nicht in den Treibsand von Modevorstellungen zu versenken, sondern auf tragendem Sinngrund abzustützen?

Aber nicht nur, daß Gott schweigt, belastet das Wagnis unseres Gebetes. Es gelingt auch nur schwer, sich mit der fremd-feierlichen Amtssprache kirchlicher Liturgie zu identifizieren. Es scheint nicht genügend Platz darin zu sein für den, der hier sein Leben formulieren will. Überjubelt sie nicht klischeehaft persönliche (Zu)Stimmungskrisen, verschließt sie nicht mit ihrer Kopflastigkeit selbst dem Fröhlichen den Mund und beschränkt die Mit-teilung am Ende auf ein nur allzu leicht gedankenlos beifälliges Amen-Sagen? Wo eine hochstilisierte Rhetorik entmutigt, mich so, wie ich bin, und mit dem, was mir widerfahren ist, einzubringen, aus-zusprechen und Gott zu-zusagen, dort verkümmern auch die

Restbestände des Betens, die es in unserer „nachreligiösen Zeit“ noch gibt. Viele menschliche Erfahrungen kommen dann wohl überhaupt nicht mehr zu Wort, viele Situationen bleiben uneröffnet und damit letztlich auch unbewältigt.

Wer aber lehrt uns dann beten, ohne dabei nur Informationen zu vermitteln? Wie können wir das Beten einüben, ohne es zu bloßer Reflexion umzufunktionieren oder in ein Gespräch unter uns aufzulösen? Die uns sagen könnten, was im Gebet geschieht und wie sie mit Gott reden, behalten ihre Erfahrungen meist scheu für sich. Hier könnte die vielfältige Praxis biblischen Betens, wie sie in den alttestamentlichen Psalmen literarisch gestaltet worden ist, dazu helfen, die Sprachbarrieren zu Gott zu überwinden. Zugegeben: Es sind oft recht subjektive Stimmen aus einer längst in Staub gesunkenen Welt, mit Anspielungen auf halbmythische oder im historischen Dunkel verdämmernde Ereignisse und außer Übung gekommene kultische Riten, mit einer urtümlich emotionalen Poesie und kraftvoll elementaren Bildern. Doch handelt es sich nicht um Erbauungsliteratur, die zu nostalgischen Träumereien von einer naturverbundeneren, menschenfreundlicheren und gottunmittelbareren Vergangenheit verleiten könnte.

Israels Lieder sind vielmehr Spiegelbilder unserer eigenen Erlebniswirklichkeit. Sie schaffen – gerade als vorgegebene Gebetsformulare – eine Solidarität jahrtausendealter Erfahrungen. Weil ihr Wort aus dem unvergänglich Menschlichen kommt und ins eigentlich Menschliche trifft, distanzieren sie nicht durch ihre fremde Sprechweise, sondern wecken gerade in ihrer kulturellen Verfremdung unsere Aufmerksamkeit für bisher Unbeachtetes, das in die Zeit eingebunden doch zeitlos gültig ist. Wir beginnen in ihnen wie in existentiellen Gleichnissen uns selbst zu verstehen, ohne freilich bei uns selbst stehenzubleiben. Denn die Psalmen inspirieren als „Wort Gottes" auch zur Verantwortung. Sie provozieren die Zuwendung zum anderen, ja zum ganz anderen, und ermöglichen damit zugleich eine Wende des eigenen Geschicks. Sie eröffnen eine Freiheit aus aller Selbstverhaftung, die nicht in die Leere, sondern in eine letzte Geborgenheit geht. Wer sich an diesen Gebetszeugnissen wie an Wegweisern orientiert, den leiten sie – und zwar in ausweglos ernst genommener Diesseitigkeit – zum Umgang mit Gott an. Denn sie beschreiben zumeist eine Bewegung, die mitvollzogen werden will. Darin werden dann selbst die alltäglichen Erfahrungen durchsichtig, gewinnen auch gewöhnliche Redewendungen und Formeln eine ungewohnte Aussagekraft. Sie machen betroffen von dem, der sich in ihnen in Erfahrung bringt und sich uns zuspricht.

So gilt es, vor allem die Bildsprache der Psalmen zu befragen: Was ist das für ein Mensch, der da redet, klagt oder lobt? Aus welcher Situation kommen seine Worte? Wie erlebt er seine Umwelt? Wie erfährt er jenen, dem er sich in seiner Bedrängnis oder in seinem Glück zukehrt? Was ist das also für ein Gott, der den Beter (er-)hört und dadurch verwandelt? Vor allem aber: Kann ich mich mit diesem Leidenden oder Fröhlichen identifizieren? Dieser Vorgang kann im folgenden natürlich nur beispielhaft skizziert werden.

Gottes Verborgenheit als Begnadigung zum Beten – Psalm 30

Ich will dich erheben, Herr,
denn du hast mich emporgewunden
und meine Feinde sich meiner nicht freuen
lassen.

Herr, mein Gott,
als ich zu dir um Hilfe rief,
da hast du mich heil gemacht.

Herr, heraufgeholt hast du mich aus dem
Totenreich,
belebt mich aus den ins Grab Gesunkenen.

Preist den Herrn, ihr seine Frommen,
und dankt zu seinem heiligen Gedächtnis.

Ein Augenblick kann unter seinem Zorn
stehen,
das Leben steht unter seiner Güte.
Am Abend mag Weinen zu Gast kommen,
doch am Morgen kehrt Jubel ein.

Ich aber, ich wähnte in meiner Sicherheit:
Niemals werde ich wanken!

Herr, in deiner Güte
hattest du meinem Glanz festen Bestand
verliehen.
Du verbargst dein Antlitz,
da war ich betroffen.

Zu dir, Herr, schrie ich,
zu Gott flehte ich um Gnade:

Welchen Gewinn bringt dir mein Blut,
wenn ich hinabsinke ins Grab?
Kann Staub dir danken,
deine Treue verkünden?

Höre mich, Herr, und sei mir gnädig,
Herr, sei du mir ein Helfer!

Verwandelt hast du meinen Trauergang
mir in Tanzen,
gelöst mein Bußgewand
und mich geschürzt mit Freude,

damit meine Ehre dir singe
und nicht verstumme.
Herr, mein Gott,
für immer will ich dir danken!

Wer redet in diesem Psalm? Wir kennen weder Namen noch Zeit und Umstände, in denen jener Mensch lebte. Trotz der konkreten Sprache verwischt er unter stereotypen Wendungen und Symbolen seine biographische Lage. Möglicherweise wurde dieses Danklied sogar von vornherein als Gebetsformular für bestimmte Situationen verfaßt. Wie man sich auch die Entstehung des Textes erklären mag, immer steht sein „Ich" jedem offen, der sich in die darin beschriebenen Erlebnisse und die Haltung bekennenden Lobes hineinversetzen kann. Um dieses Verschmelzen des eigenen Ich mit jenem Ich des Psalmisten aber geht es damals wie heute, sollen seine Worte auch für andere zum Gebet werden.

Der hier spricht, schämt sich nicht, die sein Leben bestimmenden Erfahrungen öffentlich mitzuteilen. Er erzählt – vermutlich sogar im Tempel vor versammelter Gemeinde –, wie er Gott begegnet und wie Gott ihm zum Du geworden ist. Letztlich ist es ein Bekenntnis von dem, der sich als „Heiland" erwiesen hat. Ihm will der Beter mit diesem Psalm für seine Rettung danken. Er dankt aber, indem er seinen Mitmenschen bezeugt, was er selbst von Gott erlebt hat. Seine Geschichte soll auch ihnen den Zugang zu Gott erschließen oder ihren Glauben bestärken; soll sie sensibel machen für die verborgene Anwesenheit Gottes, sie aber auch seiner merkbaren Hilfe vergewissern. Wer diese Worte mitspricht, sich zu eigen macht, dem können sie zur „gefährlichen Erinnerung“ werden an die Krisis allen menschlichen Leidens, aber auch zur entscheidenden Veränderung jeden Geschicks. Nur wer an der Grunderfahrung des Beters teilnimmt, kann dann auch seiner Freude zustimmen und in das Lob einstimmen, in dem sie sich äußern will.

Leid, das sich bei Gott beklagt

Welche Erfahrung aber hat der Beter gemacht, so daß Gott für ihn zur unvergeßlichen Wirklichkeit geworden ist? Sein Weg beginnt in der praktischen Gottlosigkeit eines „Traditionsgläubigen“. Denn im Karrieredenken dieses Mannes kommt Gott nicht vor. Sein Erfolg macht ihn selbstbewußt, aber nicht gottbewußt. Großsprecherisch bespiegelt er sich im Glanz seiner festen Position: *„Ich wähnte in meiner Sicherheit: Niemals werde ich wanken!“* Wir kennen diese Phrase: „Mir kann nichts passieren, niemand kann mir etwas anhaben“. Was freilich zunächst als eigene Leistung verbucht wird, das hat der Beter später als von Gott ermöglicht sehen gelernt: „*Herr, in deiner Güte hattest du meinem Glanz festen Bestand verliehen*". Wodurch aber wurde diese Ent-täuschung ausgelöst? Der Lernprozeß fängt damit an, daß der Mensch, der in seiner Einbildung Gott nicht wahrgenommen hat, sich als von Gott verlassen entdeckt. Die erste Gotteserfahrung erfolgt somit nur indirekt, ist die negative Erfahrung von der „Abwesenheit" Gottes. Dabei wird aber nicht Gottes Nichtexistenz, sondern seine Unwirksamkeit zur Anfechtung: „*Du verbargst dein Antlitz, da war ich betroffen.*" Von jemandem das Gesicht abwenden, ihn nicht mehr anschauen, bedeutet: nicht mehr auf ihn achten, sich um ihn nicht mehr kümmern. Der sprachlose Kontakt, den Blicke vermitteln, zerreißt; die gewohnte und deshalb nicht mehr bemerkte Nähe schwindet und wird erst jetzt, im Mangel, spürbar. Solange freilich die Leere als Verlust erlebt, dagegen angeweint und nach dem anderen gerufen wird, ist das Gespräch noch nicht endgültig abgebrochen. So wird in den Psalmen selbst in die Verborgenheit Gottes hinein weiter geklagt – und vertraut.

Eine schwere Krankheit – Symbol der Heillosigkeit schlechtin – bringt den Beter von seiner hohen Stellung fast unter die Erde. Totale Erniedrigung, Todesangst. Erschütterndes Betteln, womit sich der Beter aber nicht nur ans Leben, sondern vor allem an Gott klammert, gerade um seinetwillen gerettet werden möchte: „*Zu dir, Herr, schrie ich, zu Gott*" – dem fernen also, den er noch nicht „seinen" Gott nennt – „*flehte ich um Gnade: Welchen Gewinn bringt dir mein Blut, wenn ich hinabsinke ins Grab? Kann Staub dir danken, deine Treue verkünden?*" Daneben nur angedeutet: die kaum verhehlte Schadenfreude von „Feinden", von Neidern vielleicht oder von Konkurrenten des ehemaligen Glückskindes. So regt sich keine Hand für den Gescheiterten, kein Schmerz rührt die Mitmenschen, die wie gefühllose Trennwände vom Leben isolieren. Nicht nur Gott, auch die Menschen haben ihn verlassen. Von Menschen ist jedenfalls keine Hilfe zu erwarten. Das wäre Illusion. Er bleibt allein, in die Vereinzelung gestoßen, als unheilbarer Fall abgeschoben, wie ein Sterbender aufgegeben, nicht tot und doch schon wie in einer Gruft. Eigentlich gehört er nicht mehr zu den Lebenden. Freilich: erst Hoffnungslosigkeit mauert ein. Ist wirklich niemand da, der ihn noch aus dieser Dunkelzelle herausholen kann? Solange er noch fähig ist, Klopfzeichen zu senden, signalisiert er:

„*Höre mich, Herr, und sei mir gnädig, Herr, sei du mir ein Helfer!*" Worte, die an das Gesuch vor einer Hinrichtung erinnern. Abhängigkeit und Angewiesensein können wohl kaum noch tiefer durchlitten werden. Sie verändern allmählich das (Selbst)Bewußtsein, lösen die Ich-Verkrampfung. Unter den harten Schicksalsschlägen zerbröckelt die Schlacke, mit der sich sein Egoismus gepanzert hat. Während er sich betend zu einem in der inneren und äußeren Finsternis noch nicht Erkennbaren durchtastet, wächst seine Zuversicht auf diesen (ganz) anderen. Eigenartig: Daß erst die äußerste Grenze, die Ausweglosigkeit des eigenen Wirkens, den Zugang zur Wirk-lichkeit Gottes öffnet? Im Gegensatz zur ersten Gotteserfahrung ist diese zweite positiv gefüllt: „*Herr, mein Gott*" – welcher Ton nun der Innigkeit und Intimität! –, „*als ich zu dir um Hilfe rief, da hast du mich heil gemacht!*" Du – und nicht einfach der zähe Lebenswille oder die Kunst der Ärzte; du – und nicht bloß „eben Glück gehabt, noch einmal davongekommen".

Wenn wir bereit sind, Erfahrungen anderer gelten zu lassen, könnten wir dann nicht auch dem Beter – hypothetisch zumindest – recht geben, daß sich selbst für den Schuldigen noch ein Anrufbarer in Rufweite befindet?

Hätten die Betrübten, die in die Enge Getriebenen, Kranken und Geschundenen in den Psalmen sonst nicht längst aufgehört, sich mit dem Mut der Verzweiflung auf sein Hören, seine Zuwendung zu versteifen? Gott als Projektion oder Wunschbild, als Fratze nach des Menschen Gleichnis oder bloß praktische Arbeitshypothese wäre unter dem bitteren „Warum“ und „Wie-lange-noch“ der Leidenden rasch als nicht nach dem Geschmack der Menschen entlarvt worden, hätte sich spätestens in der „Stunde der Wahrheit“ der harten Realität gegenüber als ohnmächtig erwiesen. Nur das unbeirrbare Dennoch des Glaubens an Gott als den wahren Grund des Lebens vermag solch ein Beten hervorzubringen, das auch in der Stunde des Todes nicht resigniert, das tröstet und nicht bloß vertröstet. Sollten nicht auch wir – legitimiert durch das authentische Zeugnis der Psalmen – das Experiment, das heißt die Erfahrung, (ver)suchen, in unserem Schicksal und seinen Wandlungen mehr als bloß unpersönliche Tatsachen zu erkennen, ein Antlitz, ein Du zu erahnen, das uns angeht, (be)trifft, auch wenn wir vielleicht noch nicht wagen, ihm den Namen „mein Gott“ zuzusprechen?

Gott hat den Beter dem Sog der Tiefe entzogen. Er hat ihn wie einen Schöpfeimer aus der Zisterne emporgewunden, so daß sich nun lebenspendendes Wasser ergießen kann. Er hat ihn wie einen Gefangenen aus dem dunklen Loch herausgeholt, ans Licht und in die Freiheit gebracht. Mit dieser Gegenbewegung setzt der Psalm ein und an ihr entzündet sich das Lob. Denn Gott loben ist keine nach Vorschrift geleistete Ehrbezeugung, sondern eine Ant-wort, ist natürliche Re-aktion auf die Aktion Gottes, in der ein von Gott Erhobener nun seinerseits Gott „erheben" möchte: „*Ich will dich erheben, Herr, denn du hast mich emporgewunden.*" Zunächst und vordergründig ist es das Krankenlager, von dem sich der Beter erheben durfte: „*Herr, heraufgeholt hast du mich aus dem Totenreich, belebt mich aus den ins Grab Gesunkenen.*" Weil Krankheit das Leben mindert – „das ist doch kein Leben mehr" sagen wir –, weil der Tod dabei schon in die Sphäre des Lebens eingreift, ist Heilung dann Rückkehr aus dem Machtbereich des Todes, eine „Totenerweckung". Wie aber die Schuld nicht bloß den Geist betroffen, sondern den ganzen Menschen ins Unheil gestürzt und krank gemacht hat, so wird auch nicht nur der Leib geheilt. Vielmehr wird der Beter zugleich aus den Untiefen seiner Ichverhaftung, aus der totalen Abhängigkeit von eigener Leistung gerettet. Denn das erst heißt „beleben“: zur Freude und damit auch zum Loben Gottes befreien. Einst hatte sich der Beter in Selbstgenügsamkeit nicht mehr Gott zu verdanken gemeint und deshalb auch von Gott geschwiegen. Erst das Schweigen Gottes hatte den Verstummten zum Gebet provoziert. Gott öffnet freilich nicht nur die Lippen zum Jauchzen. Er verändert den ganzen Menschen in Jubel. Wer sich in Schmerzen dahinschleppte, den läßt er hüpfen vor neuer Lebenslust. Er entbindet den Büßer seiner Kutte, in die er sich sühnend eingehüllt hatte, und birgt ihn in Freude, mit der er wie in Festkleidung nun zum Gotteshaus ziehen kann: „*Verwandelt hast du meinen Trauergang mir in Tanzen, gelöst mein Bußgewand und mich geschürzt mit Freude.*“ Der in seinem „Glanz“ Gottes „nie“ bedurfte und dann erniedrigt an Gottes Gnade appellierte, der will verdemütigt in seiner von Gott geschenkten „Ehre“ nun Gott „immer“ singen. Dieses Lob aus existentieller, heilsamer Betroffenheit ist keine Dankesschuld, die man erfüllt, und dann weitermacht wie bisher. Alles, was sich in einer not-vollen, aber auch not-wendigen

Vergangenheit zwischen Gott und Mensch ereignet hat, mündet vielmehr in die Zusage: „*Herr, mein Gott, für immer will ich dir danken!*" Diese begeisterte Grundstimmung prägt deshalb den Psalm vom ersten programmatischen Aufsingen an, bedingt seine lyrische Haltung und hymnischen Ekstasen. Lob ist eben nicht etwas, das wie vieles andere auch einmal im Leben vorkommt, das für Feiertage reserviert oder auf religiöse Reduktionsgebiete beschränkt ist. Es ist vielmehr ein Grundverhalten im menschlichen Dasein. Es gibt ja keinen, der nicht in irgendeiner Weise bewundert, verehrt, zu etwas oder zu jemandem aufsieht. Verengt sich jedoch das Lob ausschließlich auf Menschen, Ideen oder Institutionen, dann muß dieser Widersinn das Leben selbst verstören, ja es zerstören. Nach den Psalmen ist allein dort, wo Gott gelobt wird, *das* Leben. Doch heißt Gott loben nicht: Verpflichtung zum Kompliment, sondern Äußerung bewundernder Ergriffenheit und innerer Freude. Aller modernen Nüchternheit zum Trotz brauchen auch wir das Gotteslob, wenn sich ein unterdrücktes religiöses Gefühl nicht in seltsam wuchernden Sentimentalitäten austoben soll. Denn das Danken, das vom Loben umgriffen ist, verleiht einem Wertgefühl Sprache, das sonst als unmitteilbares und daher fast unerträgliches Glück in uns verschlossen bleiben müßte. Das Lob mehrt also sogar noch unsere Freude.

Womit begründen wir dann noch unsere skeptische Reserve gegenüber dem Gotteslob? Halten wir seine Freude für ungerechtfertigt angesichts der Katastrophen der Welt und ihrer menschlichen Tragödien? Dank und Zustimmung sind kein hilfloser Ausbruchsversuch in eine Utopie, einen Nicht-Ort. Lob behauptet nicht, daß Welt und Menschheit heil und in Ordnung sind. Aber Lob ist wie die Klage der Ausdruck einer unerschütterlichen Gewißheit, daß wir zuversichtlich sein dürfen, wenn Gott da ist, der sich nicht als flüchtiges Wort, sondern mit seinem Namen Jahwe und Jesus uns zugesprochen hat. Wer ihn freilich nicht in seinem Leid an-gesprochen hat, der wird sich auch in der Freude nicht über ihn aus-sprechen.

Gebet als Bekenntnis und Verkündigung

Wenn der Beter „vor Gott" steht, dann weiß er sich stets – ideell oder oft auch tatsächlich – von einer Gemeinde umgeben. Fordert er dann zum Lob auf, so keineswegs bloß deshalb, weil geteilte Freude doppelte Freude ist und der Mund von dem übergeht, wovon das Herz voll ist. Denn Lob ist nicht nur Antwort an Gott, sondern auch Sich-Verantworten vor der Gemeinde, ist in der Selbst-Mitteilung auch Gott-Mitteilung. Beten bedeutet also in den Psalmen immer zugleich auch bekennen und verkündigen. Literarisch zeigt sich dies im Wechsel von Du-Form und Er-Form. Lob aus der Rettungserfahrung ist so wesentlich Rede zu Gott und Rede von Gott, daß jene Richtungsänderung der Gebetsanrede sogar zum Kennzeichen aller Danklieder Israels geworden ist. Daß der Beter unseres Psalms freilich trotzdem den Umstehenden nicht zugewandt bleibt, sondern in der eigentlichen Erzählung seiner Rettung wieder Gott direkt anspricht, zeigt, wie intensiv und zutiefst persönlich seine Gottesbegegnung war.

Der Beter bezeugt also seine eigene Gotteserfahrung. Er bekennt dabei seine Schuld und schildert seine lebensbedrohende Not, die er nur bewältigen konnte, weil er zu Gott gerufen und dieser eingegriffen hatte. Doch sollen die im Tempel Versammelten nicht bloß „die Kunde hören". Einzelheiten werden sogar erst später beschrieben, sie sind nicht entscheidend. Die ganze Gemeinde der Gottesfreunde soll vielmehr in die zunächst auf Kurzformel gebrachte Gotteserfahrung des Dankenden miteinbezogen werden. Alle sollen in sein Lob einstimmen, wenn sie das Gedächtnis Gottes feiern: „*Preist den Herrn, ihr seine Frommen, und dankt zu seinem heiligen Gedächtnis!*" Dabei wird die individuelle Situation zu einem überpersönlichen Credo ausgeweitet, in dem sich die Erfahrungen von Generationen verdichten; zugleich aber wird auch das überlieferte Credo durch die Gotteserfahrung des Beters neu bestätigt und aktualisiert: „*Ein Augenblick kann unter seinem Zorn stehen, das Leben aber steht unter seiner Güte. Am Abend mag Weinen zu Gast kommen, doch am Morgen kehrt Jubel ein.*" Das ist die „Lehre" des Psalms. Über sie wird jedoch nicht „objektiv" informiert, schon gar nicht wird sie indoktriniert. Der Beter erzählt vielmehr ganz „subjektiv" von jenem Geschehen, das ihm bzw. ihn Gott erschlossen hat. Sein Glaubenszeugnis aber überzeugt, formt um, wird nachvollzogen und schließlich mitgesprochen. Solch erzählende Theologie ist weder wirklichkeitsfremd noch distanziert intellektualistisch. Sie ist Theologie aus dem Gebet. Zwar schildert der Psalm eine konkrete Situation. Aber weil er sie durchschaubar macht und eine grundsätzliche Folgerung aus dem Gotteserlebnis eines einzelnen für alle zieht, konnte er am Heiligtum auch anderen

Menschen als Verständnismuster ihrer Erfahrungen dienen. Vermutlich begleitete er die liturgische Neueingliederung eines Genesenen in das Leben der Gemeinde. Bedeutet „Tod" doch vor allem Lösung der Gemeinschaft mit Gott und den Menschen, „Leben" daher vor allem die Überwindung dieser Trennung. Mit unserem Psalmformular bekannte das ganze Gottesvolk den „Tod", pries eine „Auferweckung", stiftete zugleich die verkündete Gemeinschaft. In solchem Menschenwort aber erging Gottes Wort, ereignete sich Offenbarung.

Fehlt uns nicht heute weithin ein solcher Austausch von Glaubenserfahrungen, wie er einst mittels des Psalms erfolgte? Müßten wir nicht in unserer weithin ritualisierten und unpersönlichen Frömmigkeit den Mut zu Gebetsformen aufbringen, die auch andere an der eigenen religiösen Gefühlswelt teilnehmen lassen? Daran teilzuhaben ist freilich nur möglich in einer Atmosphäre „vor Gott". Gelänge dies, wäre Kirche nicht bloß der Ort eines Dialogs mit Gott, sondern auch des Gesprächs miteinander, wäre sie nicht nur Intimraum eines Vertrauens Gott gegenüber, sondern auch eines tiefen gegenseitigen Zutrauens. Dabei würden wahrscheinlich weniger eingelernte Glaubensformeln rezitiert, dafür aber mehr persönliche Kurzformeln des Glaubens rezipiert. Die Psalmen bieten sich dafür als Vorlagen und zugleich als Initialzündungen eines solchen gemeinsamen Glaubensgespräches mit Gott und vor Gott an. Sie kennen ja keine nur auf sich selbst bedachte Kleinherzigkeit. Vielmehr sind sie ein Stück praktizierter „Gemeinschaft der Heiligen", die freilich ihre geistlichen Qualitäten vom persönlichen Herzenston des einzelnen Beters erhält. Die drastisch ausgemalte Not der Kranken, das schockierende Geschrei der Verfolgten, die Projektionen der Angst, wenn sie manche ihrer Feinde beschreiben, die überlauten Dissonanzen und das Todesstöhnen, alles, was uns Wohlstandsbürger in den Psalmen befremdet, keinen Anhaltspunkt zur Identifizierung mit unserem gegenwärtigen Leben bietet und nicht unmittelbar ans Herz greift, ja als fast anstößige Bloßstellung seelischer Zustände erscheint, kann nur in solidarischem Mit-leiden und stellvertretend für unsere Schwestern und Brüder, für die gesamte Menschheit gesprochen werden. Nur so wird „unser Herz in Einklang mit unserem Wort sein" (Benediktregel). Kirche aber als solche Erzähl- und Bekenntnisgemeinschaft, engagiert in einfühlender Fürbitte und ehrlichem Fürdank, wäre gewiß – wie einst die Jerusalemer Urgemeinde – auch selbst ihre wirksamste Verkünderin.

Was meinen also die Psalmen mit Beten?

Unser Psalm formuliert eine entscheidende Wandlung: Fall und Erhebung, Ferne von Gott und Gottes spürbare Nähe, Klage und Lob, Bußkleid und Festgewand. Der Beter hat diese Wende erfahren. Er kennt den Niedergang der Kräfte und das Absacken der Leistung, das hämische Grinsen der Umgebung, den Schock bei der Nachricht, sterben zu müssen, die verspätete Einsicht in die eigene Verblendung und das Verlieren aller Illusionen, die Tränen über vergeudete Jahre, das enttäuschende Vereinsamen. Er weiß freilich auch, wie einem zumute ist, wenn man als unheilbar abgeschrieben war, aber doch sein Lager verlassen kann, und wenn andere sich dabei mitfreuen, vor allem aber, wenn einem der Sinn von all jener Verworrenheit klar wird, wenn man seinen Gott wiedergefunden hat. Dementsprechend erfahrungsgesättigt ist auch das Beten: ein Rufen, Stammeln, Weinen in fast verzweifelter Erwartung desjenigen, der sich bisher verweigert hat, ein hartnäckiges Fragen und unermüdliches Flehen, ein leidenschaftliches Dennoch wider alles Resignieren und ein fast naiv verwegener Kampf gegen jede fatalistische Ergebung, – auch wenn das Schweigen Gottes angenommen und mit ihm gelebt werden muß, auch wenn eine (noch) unverständliche Fügung bejaht und eine schmerzvolle Spannung wie über Abgrundstiefen ausgehalten werden muß. Dann aber ist das Beten auch ein Lachen und ungehemmtes Frohlocken, ein mutiges Eingestehen des eigenen Versagens, ein ehrfürchtiges Bekennen und zärtliches Danken, eine letzte Öffnung in eine fast mystische Verbundenheit, in der man nicht mehr nur auf sich selbst sieht. Leid und Freude als die beiden Grunderfahrungen des Menschen – „Leid und Freude miteinander teilen“ sagen wir und meinen damit alles, was das Leben bringen kann –, Leid und Freude verstummen nicht im Gebet, sondern werden weit und frei im noch Unbesprochenen. Die Sprache selbst aber hat im Gebet eine Richtung gefunden, eine Instanz und ein Ohr, wohin sie sich wenden kann.

Die eigene Erlebniswelt, aber auch die der anderen, bildet somit den Brückenkopf, von dem aus das Gebet eine Brücke zu schlagen sucht zum fremden Ufer, das einmal in Sicht gekommen ist, auch wenn es jetzt vielleicht wie von Nebeln verhüllt wird. Beten wie die Psalmen es verstehen heißt daher zunächst: sensibel werden und eine reiche, mutige Phantasie entwickeln für solche Ansatzmöglichkeiten und damit für die vielfarbige Palette all dessen, was uns angeht und bewegt, um es zur Erschließungssituation für den zu machen, der sich einst als rettend Da-Seiender erwiesen hat. Vor allem heißt es, das eigene Leben zu durch-schauen und abzuhorchen auf Gott hin, der keine gleichgültige Maske und kein leeres Klischee, sondern ein Antlitz und ein Name ist, in dem jede Geschichte mit einem Menschen Spuren hinterläßt. Dann aber meint Beten: das Leben, wie es einen packt und wie man selbst es anpackt, von den äußersten Rändern des Menschseins bis in seine tiefsten Intimitäten, Gott zu-sagen; meint, sich aussprechen vor Gott, nicht als Verpflichtung zu besonderer religiöser Leistung und uniformer Seelenhaltung, auch nicht im höflichen Standardjargon und in sterilen Andachtsfloskeln, sondern mit schlichten und natürlichen Worten, spontan und echt, in jeder Haltung und Tonlage. Nochmals und etwas abstrakter ausgedrückt: Im Gebet bestimmt der Mensch seinen Ort vor Gott. Das Du, dem er sein Herz ausschüttet oder zu dem er aufjubelt, ist keine rhetorische Figur. Eine Unperson kann man ja weder für ein Schicksal persönlich verantwortlich machen, also auch nicht nach dem Warum befragen, noch kann man sich ihr als Person verdanken. Sie verdient nicht den Namen Gott. Dann aber bestimmt der Beter auch Gott angesichts seines eigenen Ortes. Er vergewissert sich Gottes, er-innert sich der früheren Gotteserfahrungen und holt Gott in seine Lebenssituation. Theologisch präziser, um das Mißverständnis zu vermeiden, daß Gott erst von außerhalb kommt, um in Ereignisse einzugreifen: Der Beter holt sich selbst ein, fügt sich selbst ein in jene Erinnerung, in der er einst (von) Gott erfahren hat. Das aber geschieht nicht in individualistischer Vereinzelung, sondern in einem Bezug zur ganzen Glaubensgemeinschaft. Gerade im Lob will der Beter nicht mehr sich, sondern die anderen seiner Gotteserfahrung vergewissern, sie einbeziehen in den Selbsterweis Gottes im offenbaren Schicksalswandel. Beten ist somit ein Geschehen, in dem ich mich Gott zuwende und in dem sich auch Gott mir zuwendet, so daß ich ihn letztlich als jemanden erfahre, der sich mir nicht entzieht, sondern der sein Antlitz enthüllt, also (auf) mich sieht und mich (er)hört. In dieser Zuwendung Gottes aber ereignet sich die entscheidende Wende, die schließlich alles verwandelt. „*Ein Augenblick kann unter Gottes Zorn stehen, doch das Leben steht unter seiner Güte. Am Abend mag Weinen zu Gast kommen, doch am Morgen kehrt Jubel ein.*“

Auf die eben zitierte Wandlung zielt der ganze Psalm. Das ist das Credo des Beters, das er verkündet. Aber darf diese Momentaufnahme einer Gottesbegegnung eines einzelnen einfach als zeitloses Bild vom Verhalten Gottes vervielfältigt werden? Darf ich mich auf eine so verallgemeinerte Verheißung verlassen? Darf ich mich mit jenem Menschen identifizieren? Hilft der im Psalm sprechende Glaube auch mir, wenn ich mir seine Worte zu eigen mache, mein Leben zu bewältigen und darin Gott zu begegnen?

Spricht nicht ein unermeßliches Aktenmaterial der Weltgeschichte gegen das Eintreten einer Schicksalswende und gegen die Erhörung des Gebetes? Plädiert nicht eine zahllose Schar von der Zeugenbank gegen den Sinn des Bittens, weil sich an ihrem Los eben nichts geändert hat? Wie viele Tränen wurden nicht gestillt, wie viele Qualen nicht gelindert, wie viele Unterdrückte konnten nicht aufatmen, wie viele mußten sterben, ohne je richtig gelebt zu haben! Sie haben sich voll Vertrauen an Gott gewandt, – hat er sie vor sein Antlitz kommen lassen? Sie haben an sein Erbarmen appelliert, – ist er nicht ungerührt geblieben? Sie haben zu ihm geschrien, – hat er nicht geschwiegen? Vermutlich hat unser Beter ähnliche Fragen gestellt. Denn sein Psalm ist auch eine Besinnung darüber, warum Gott ihn so hart angefaßt hat. Mag sein, daß seine Situation für uns nicht gilt – ein Wohlstand, dem Gott nur als Versicherungsagent des eigenen Erfolges dient, in dem aber vergessen wird, wie sehr das Leben mit all seinen Gütern Geschenk eines unverfügbaren, freilich gütig fügenden Gottes ist. Mag also sein, daß unser „Fall" anders liegt, ja überhaupt kein Gefälle auf Gott hin erkennen läßt. Aber trifft dann deshalb etwa nicht zu, gilt deshalb nicht weiter, wie Gott im Psalm erfahren wurde, als Gott nämlich, der sich selbst und den Menschen die Treue hält, der gestern, heute und in aller Zukunft der rettend Da-Seiende, das heißt: Jahwe und Jesus, bleibt? Wir dürfen also mit dem gleichen Verhalten Gottes rechnen, mit seiner Güte, die stets größer ist als seine Gerechtigkeit, und die das letzte, das einzig entscheidende Wort hat. Wir dürfen in das gleiche Verhältnis zu diesem Gott eintreten: Wir dürfen ihn um die Bewahrung unseres irdischen Lebens bitten und um all das, was es erst zum richtigen Leben macht; wir dürfen uns freuen über die Erfüllung unserer irdischen Sehnsüchte. Denn wie er sich einmal zu erfahren gegeben hat, so ist er tatsächlich:

auch als der sich verbergende Gott ist er der Heiland. Obwohl der Psalm keine umfassende Apologie Gottes angesichts unerfüllter menschlicher Wünsche liefert, nimmt er doch mit auf den Weg, auf dem man zu Gott finden kann, wo Gott hört und erhört. Denn ob Psalmengebet nur Gerede ist oder auch ankommt, das entscheidet sich nicht erst nach dem Beten, sondern bereits im Beten. Jeder Psalm will ja eine Bewegung in Gang setzen. Er bringt den Beter mit seiner Umwelt in eine Beziehung zu Gott. Dadurch kommt er überhaupt erst richtig in seine Situation hinein, entdeckt vielfach erst, wo er sich eigentlich befindet und wie es tatsächlich um ihn steht. Zugleich aber kommt der Beter auch aus seiner engen Situation heraus in die Weite der Beziehung zu Gott. Der Psalm hilft also, sich an den zu wenden, der allein das Leid wenden kann und dessen Zuwendung sogar den „Tod“ zum „Leben“ in Freude verwandelt. Es kann zwar sein, daß Gott trotzdem (noch) nicht auf die erwartete Weise einschreitet, daß weiter gelitten werden muß. Aber der Zugang zum lebendigen Gott steht nun offen, ein Gespräch ist begonnen, eine Verbindung geschaffen mit dem, der mehr als wir selbst uns verbunden ist. Die Gewißheit, von Gott gehört zu werden, die schon das Gebetswort vermittelt, ist zugleich Gottes erste und grundlegende Antwort. Sie ist das Geschenk des Glaubens. In ihm teilt Gott nicht irgendetwas mit, sondern sich selbst. Darin aber erfahren wir auch uns selbst als bejaht. Deshalb hinterläßt Gottes Hören nicht bloß eine vage Spur im geistigen Erlebnisfeld, sondern erfaßt den Menschen mit all seinen Gestimmtheiten, erlöst ihn zu einer neuen Freiheit und unbändigen Freude. „Was dem Gebet dann folgt, kann nicht anzeigen, ob es *ge*hört und *er*hört ist, sondern nur, *da* es gehört ist, *wie* es erhört ist" (G. Ebeling). Auch können wir bei der vielfachen Verwobenheit allen Geschehens nur schwer beurteilen, wo die eingetroffene Erfüllung unserer konkreten Wünsche tatsächlich die Frucht unseres Betens ist. Gottes Antwort bleibt stets ein Geheimnis, das sich nicht in selbstgezimmerten Theorien auf zufällige Kreuzungspunkte von Ursachenketten festlegen läßt, sondern angenommen und ausgehalten werden muß. Aber es gibt auch eine unmittelbare Logik des Herzens, wie sie zwischen Freunden besteht oder zwischen Menschen, die einander lieben. Dieser Evidenz der Liebe können dann alle Ereignisse des Gebetsdialoges zu Symbolen für Gottes persönliche Nähe werden und zu handgreiflichen Gesten seines Wirkens.

Der Psalm ist also keine Konserve mit längst erstorbenem Inhalt. Er gleicht vielmehr einem Flußbett, das ein gerichtetes Strömen ermöglicht. Wer sich ihm aussetzt, den trägt er zu neuen Gestaden, auch zum jenseitigen Ufer. In diesem Gebet hat sich ja ein unwiederholbares Erleben zum Typus verdichtet, zu allgemein menschlichen Grundstimmungen und Verhaltensweisen wie *der* Angst und *der* Freude, *der* Gottverlassenheit, *dem* Vertrauen und *der* Geborgenheit bei Gott. Der ursprüngliche Sinn kann somit auch von uns mit persönlichen Erfahrungen und christlichen Sinnbezügen angereichert werden, – mit unserer christlichen Freude etwa und mit unserem christlichen Vertrauen. So bringt der Psalm uns dann zu Gott als dem Vater unseres Herrn Jesus Christus. Schließlich findet ja jene Verheißung des Psalms, die seine Mitte bildet und an deren Wahrhaftigkeit sich unser Fragen entzündet hat, erst seit Jesus Christus ihre letzte Erfüllung. Erst seit ihm ist jede Leidensnacht kurz geworden, auch wenn sie bis zum Tod dauern sollte. Denn sie lichtet sich bereits durch die Strahlen der Hoffnung auf jenen Freudentag, der auch mit unserer Auferweckung zu ewigem Leben anbrechen wird.

„Nach dem Dunkel kommt ein neuer Morgen“

Wer in der Tiefe war
ganz unten
entsetzt
verzweifelt
am Ende
und wieder leben darf
kann nicht schweigen
muß reden singen danken
beten erzählen
und loben

Wer Gott verlor
sich selbst
Freunde
Glück
Hoffnung
das Leben
und von Gott gefunden wurde
kann aufatmen
hell lachen
wieder denken
darum danken
neu beginnen
und lieben

Nach dem Dunkel
kommt ein neuer Morgen
verstummen Feinde
freuen sich Freunde
trocknen die Tränen
beginnt der Tanz
denn nun bleibt
lebenslang seine Gnade

J. Hansen

Jubel inmitten des Leides

Von Gott verführt

Gab es in meinem Leben eine Stunde, in der Gott für mich ganz persönlich Bedeutung gewonnen hat? In der mir aufgegangen ist, daß an ihn glauben jetzt hieß: sich auch für ihn engagieren? Die Entscheidung mag vielleicht nicht leicht getroffen oder unbehindert verwirklicht worden sein. Und doch: Wo immer einer den Ballast seiner Vorbehalte abwirft und sich ehrlich für Gott entschließt, wird er innerlich frei. Etwas in ihm beginnt zu leuchten, ihn einfach froh zu machen. Ja, Gott kann faszinieren und begeistern. Er versteht es, Menschen zu umwerben, sie für sich zu gewinnen, in ein Abenteuer, in den Aufbruch aus vertrauten Sicherheiten zu locken. Wer weiß schließlich, worauf er sich einläßt, wenn er diesem inneren Drängen nachgibt, wenn er dem Ruf Gottes nachfolgt?

Trotz aller Ungewißheit der Zukunft aber träumen wir alle davon, ein solcher Einsatz würde sich einmal bezahlt machen. Wir lassen uns deshalb Gottes Sache auch etwas kosten. Letztlich hängt ja auch der Sinn unseres Lebens daran. Tatsächlich ist es gut, mit wehenden Fahnen zu Gott überzulaufen; es ist gut, das Ziel hoch zu stecken.

Was aber, wenn das vom Gotteswort inspirierte alternative Leben den bloßen „Kirchenchristen" zum Ärgernis wird? Wenn das Engagement als Laie auf Vorurteile trifft, ja spürbare Widerstände provoziert? Wenn Appelle, die auf das soziale Elend des Nachbarn oder die drohenden Möglichkeiten eines totalen Vernichtungskrieges aufmerksam machen wollen, auf Gleichgültigkeit stoßen und Wohlstandsbürger letztlich kalt lassen? Wenn Religion zur Privatsache erklärt, ihrer gesellschaftsverändernden Kraft beraubt und auf traditionelle Zeremonien beschränkt wird? Wenn ein Glaubensgespräch nicht zustande kommt, weil Priester überlastet oder geistig unbeweglich, Verwandte und Kollegen aber desinteressiert oder fernstehend sind? Wenn also der eigene Enthusiasmus des Anfangs ernüchtert wird, weil die Feuerideen von einst nicht zünden? Wenn man etwa als „Neuerer" und „Unruhestifter" abgelehnt, zum „Wichtigmacher" abgestempelt, als religiöser Schwärmer belächelt wird, in jedem Fall aber in eine gewisse Isolierung gerät? Dann kann der eigene Weg fraglich werden. Zweifel melden sich, Selbstvorwürfe, Klagen – hoffentlich auch vor Gott: „Ich habe mich doch wirklich eingesetzt, habe es gut gemeint und alles gegeben, was ich hatte. Ich stehe an der Grenze meiner Belastbarkeit. Aber du hilfst mir nicht weiter. Immer wieder muß ich Mißerfolge einstecken, dazu noch die Intrigen, durch die ich zum Aufgeben gezwungen werden soll. Einmal war ich Deiner so sicher. Aber jetzt – wo bist Du jetzt?"

Nur wer sich so weit von Gott hat „verführen" lassen, wer nicht schon zuvor aus Angst vor solchen Möglichkeiten sich auf ausgetretene und besser gesicherte Wege zurückgezogen oder überhaupt seinen Dienst quittiert hat, nur der kann die Empörung ahnen und die Bitterkeit nachfühlen, aus der das folgende Klagegebet des Propheten Jeremia kommt.

UNTER DER LAST GOTTES …

Jer 20,7–9

Wie man ein Mädchen verführt,
so hast du mich verführt, o Gott –
und ich habe mich verführen lassen.

Wie ein gewalttätiger Mensch,
so hast du mich gepackt
und hast mich überwältigt.

Jetzt bin ich für alle zum Gespött geworden,
sie amüsieren sich jeden Tag über mich.

Ich kann den Mund nicht mehr auftun, ohne
zu schreien,
ohne laut zu rufen: Gewalt, Bedrückung!

Das ist Gottes Wort –
es bringt mich täglich neu ins Gerede der
Zufriedenen
und isoliert mich von allen.

Da habe ich mir gesagt:
Ich will nicht mehr an ihn denken
und will seine Botschaft nicht mehr ausrichten.

Aber da brannte in mir etwas auf
wie ein Feuer,
drinnen in meinem Leib.
Vergeblich habe ich versucht, es einzu-
dämmen:
Ich konnte es nicht.

Die „Konfessionen" des Jeremia

Jeremia wirkt als Prophet der letzten Stunde vor dem Fall von Jerusalem. Er hat um die Wende des siebten zum sechsten Jahrhundert vor Christus das nahe politische Ende des judäischen Staates und die Zerstörung des Heiligtums auf dem Zion als Gottes Gericht über die Schuld seines Volkes anzukündigen. Die Botschaft, die er ausrichten muß, bringt ihn in Widerspruch zu modernen Heilsideologien, die den Weltanschauungsmarkt damals beherrschen. Seine Warnungen stoßen auf eine Mauer der Ablehnung. Er wird verhöhnt und gehaßt, mißhandelt und eingekerkert. Doch durchleidet er nicht nur vielfältige Anfeindungen. Härter noch sind die Anfechtungen, in die das jahrzehntelange Ausbleiben des angedrohten Untergangs ihn stürzt. Diese äußeren Nöte und die inneren Krisen, die er durchzumachen hat, werden allmählich zur unerträglichen Bürde und zu einer schier endlosen Qual. Sie drängen zur Klage. So finden sich mitten in der Gerichtsprophetie Jeremias Gebete, die wegen ihres einzigartig intimen Tones in der Aussprache mit Gott als „Konfessionen" bezeichnet werden. Diese „Bekenntnisse" dürfen freilich nicht als autobiographische Notizen mißverstanden werden, in denen Jeremia in subjektiven Reflexionen abseits seines Prophetenamtes Rechenschaft über sein religiöses Innenleben und das Ringen seiner gottergriffenen Einzelpersönlichkeit ablegen wolle. Zwar hat kein Beter im Alten Testament so verwegen mit Gott geredet. Auch spannt sich der Stimmungsbogen von tiefster Trostlosigkeit bis zum Jubel über die hilfreich erfahrene Nähe Gottes und wiederum bis an den Rand seelischer Erschöpfung, ja in den Abgrund der Verzweiflung. Nichts von dem fehlt, was das Herz eines Menschen verwunden kann: Entmutigung durch Widerstände, Erschrecken über den Mißerfolg, Angst vor dem Spott, Verzagen wegen der Schande, Vereinsamung, Enttäuschung, Glaubenszweifel. Doch entstehen all diese Leiden aus der prophetischen Berufung, kennzeichnen jene Zerreißprobe, der „Gerichtspropheten" ausgesetzt sind. Zwar gleichen Sprache und Aufbau dieser ergreifenden Zeugnisse in vielem den Klageliedern des Psalters. Doch kommen die Bekenntnisse des Jeremia nicht aus der Klageliturgie des Tempels, sondern sind von Auftrag und Verantwortung des Prophetendienstes bestimmt. Die Konfessionen sind daher im Jeremiabuch zurecht in die Gerichtsverkündigung des Propheten eingeordnet: ausgelöst von einer vorausgegangenen Gerichtspredigt und ausblickend auf das Eintreffen des angesagten Gerichtes. Wie ein Hungriger gierig nach jeder Nahrung greift, weil er nur so sich am Leben erhalten kann, so hatte Jeremia fast triebhaft sich alles einverleibt, was Gott ihm hatte zukommen lassen, weil es für ihn Sättigung und Erfüllung bedeutete: *„Fand ich Worte von dir, dann verschlang ich sie. Dein Wort war mir Glück und Herzensfreude."* Aber der Umgang mit dem Wort Gottes veränderte ihn. Er mußte für seine Gottzugewandtheit Abwendung der Menschen erdulden: *„Nicht saß ich im Kreis der Fröhlichen. Von deiner Hand gepackt sitze ich einsam, denn du hast mich mit Grimm angefüllt."* Dieser Zorn, Inbegriff seiner prophetischen Gerichtsverkündigung, den Gott wie einen Fremdkörper in sein Herz eingesenkt hat und den er wie ein Gefäß in sich tragen muß, dieser Grimm ist es, der auch das natürlichste Verhältnis zu seinen Mitmenschen zerstört. In den Bekenntnissen beklagt deshalb nicht nur ein Leidender sich selbst, klagt auch nicht bloß Gott an, der ihm ein solches Geschick aufgelastet hat. Er verklagt auch das Volk, das sich gegen das prophetische Wort und damit letztlich gegen Gottes Wort stellt. Jeremias Konfessionen sind somit ein kühnes und erschütterndes Zeugnis des Konfliktes, in den jeder geraten kann, den Gott mit seiner Botschaft betraut hat. Sie zeigen auch den Zwiespalt, in dem die göttliche Verheißung der Berufungsstunde und die Erfahrungen bei der Ausübung jenes Berufes schroff auseinanderklaffen. Vor allem aber sollen sie die Schuld derer aufdecken, die einen von Gott Gesandten zurückweisen, sollen das Eintreffen des angedrohten Unheils legitimieren.

Wie die übrigen Konfessionen ist auch der hier ausgewählte Text in die Gerichtsprophetie des Jeremia eingebunden. Im Auftrag Gottes hatte Jeremia im Vorhof des Jerusalemer Tempels der Stadt und dem Land ihren Untergang angekündigt. Dieses Auftreten muß er büßen. Den heiligen Ort, von dessen Unantastbarkeit man überzeugt war, durch solche

Drohungen zu entweihen, war Lästerung. Paschur, der priesterliche Chef der Tempelpolizei, läßt ihn auspeitschen und die Nacht über mit Händen und Füßen in den Block schrauben. Aber kaum aus der qualvollen Haft entlassen bekräftigt Jeremia nochmals seine Unheilsansage. Auch Paschur wird ein furchtbares Los treffen. In ihm wird sich das Grauen personifizieren, „Schrecken ringsum" wird man ihn deshalb nennen. An diesen Bescheid schließt das Bekenntnis des Jeremia literarisch an. Aber das darin vermittelte Bild des Propheten ist anders als jenes, das man im Vorausgehenden gewinnen konnte. Hier steht nicht mehr ein Unbeugsamer ungeachtet aller körperlichen Mißhandlung in einsamer Größe seiner Sendung, sondern protestiert ein Verzweifelter gegen Gott. Jeremia jammert nicht über die noch blutigen Striemen, sondern klagt aus einer schon lange währenden depressiven Gemütsverfassung Gott selbst an. Der Stimmungsumschwung läßt darauf schließen, daß sein gegen Gott gerichteter Aufschrei aus seelischen Untiefen zwar authentisch, aber kaum in jenem Zusammenhang entstanden ist, in dem er jetzt beschrieben wird. Er hebt sich auch ab von der anschließenden Feindklage, in der die Niedergeschlagenheit wieder der Gewißheit des göttlichen Beistandes, seines Eingreifens durch ein Strafgericht, weicht. Das uns vorliegende Bekenntnis des Jeremia dürfte somit ursprünglich nicht aus einem Guß gewesen sein. Doch ist seine gegenwärtige Struktur mit dem Aufbau der Klagepsalmen verwandt. Dadurch läßt es sich heute gut als ein einheitliches Gebet nachvollziehen. In ihm finden sich alle typischen Elemente der alttestamentlichen Klagelieder. Am Beginn steht eine dreigliedrige Klage, in der Gott angeklagt wird, der Beter sich beklagt und seine Widersacher verklagt. Sie wandelt sich in einem Zuversichtsbekenntnis zur Bitte. Und diese klingt in ein Lob aus, in dem der Beter – seiner Rettung bereits sicher – zusammen mit Gleichgesinnten Gott preist. Inhaltlich aber trifft das Bekenntnis des Jeremia trotz seiner Subjektivität wohl auf jeden zu, den Gottes Wort übermächtigt hat. So kann es auch zu unserem Gebet werden. Manche Interpreten haben sogar in seinem „Ich" überhaupt keine biographischen Konturen entdeckt, sondern in ihm nur die Gemeinde verkörpert gesehen oder das überindividuelle Ich des bedrängten Gerechten, der sein Herz vor Gott ausschüttet.

Unbegreiflichkeit Gottes und erfolglose Botschaft – Zwang der Berufung

Jeremia hatte Gott als jemanden erfahren, der ihn mit unsagbarer Zärtlichkeit anrührte, ihn aber auch mit Leib und Seele in Beschlag nahm. Jetzt denkt er zurück an das Erlebnis seiner Berufung. Wie ein Liebhaber sein Mädchen, so hatte Gott ihn zunächst beschwatzt und dann sitzen lassen. Die Lust, die er da spürte, sollte ihn bloß zur Selbstpreisgabe verlocken, auf die nun die Schande gefolgt war. Gott hatte ihn, jung und arglos wie er war, nicht nur betört, sondern auch mit seiner Übermacht erobert. Er hatte ihn zu einer Sendung vergewaltigt, von der Jeremia höchstens ahnen konnte, wohin sie ihn führen würde.

„*Geh nur, wohin ich dich sende, rede nur, was ich dir auftrage. Fürchte dich nicht, – ich bin mit dir!*“ – so hatte er Gottes Stimme in der Stunde seiner Berufung verstanden. Weil er sich eingelassen hatte auf die Weisung Gottes „*geh nur, wohin ich dich sende*“, ist er jetzt zum Gespött der Stadt geworden. Er dient als Gesprächsstoff, man unterhält sich auf seine Kosten. Dieser Spott tut weh, besonders, weil Jeremia merkt, daß Gott sich nicht beeilt, den Spöttern den Mund zu stopfen. So leidet er an der Unbegreiflichkeit seiner Sendung.

Aber nicht nur der Person des Propheten gilt das Gelächter der Menge. Auch seine Botschaft wird in den Gassen von Jerusalem zu Tode gegrinst. Kein Wunder übrigens, daß man sie nicht ernst nimmt. Vertreten doch andere „Propheten“ – zu Unrecht freilich, wie sich später, zu spät, herausstellte, – mit der gleichen religiösen Überzeugung genau das Gegenteil. Warum aber sollte man gerade ihm mehr glauben? War doch bisher keine seiner Katastrophenansagen eingetroffen. Die Wirklichkeit strafte offenbar seine Schwarzmalerei Lügen. So wird Jeremia zum Prügelknaben seiner Zeitgenossen, wenn er die Mißstände der Gegenwart – Gewalt und Bedrükkung – in aller Öffentlichkeit anprangert. Verweist er auf Offenbarungen Gottes, hält man ihn für anmaßend und lebensfremd. Jeremia war bereit, der Sache Gottes zu dienen. Er wollte nicht kapitulieren, wollte nicht tatenlos einfach den Dingen ihren Lauf lassen. Er wollte unmißverständlich warnen und bessere Wege aufzeigen. Das Ergebnis seines Redens: er kommt ins Gerede, aber niemand hört auf ihn. Gottes Weisung „*rede nur, was ich dir auftrage*“ hat ihn zum Außenseiter, ja zu einer Witzfigur gemacht.

So führen die enttäuschenden Erfahrungen des Propheten mit seiner Sendung und seiner Verkündigung schließlich zu einem qualvollen Konflikt mit seiner Berufung. Von seiten Gottes hat Jeremia Bestätigung erwartet und muß Verunsicherung erleben. Von seiten der Mitmenschen hat er Achtung und Anerkennung erhofft und muß Verachtung und Verkennen einstecken. Ist er berufen, um abgewiesen zu werden, ausgesandt, um sich vergeblich zu mühen? Auf sich selbst zurückgeworfen und wundgerieben an seiner Erfolglosigkeit will Jeremia nun aufgeben. Er will Gott, der ihn gesandt hat, aus seinem Denken auslöschen und ihm den Gehorsam aufkündigen. Er will schweigen und sich um die Botschaft, die Gott ihm aufgetragen hat, nicht mehr kümmern. Endlich nur mehr Mensch unter Menschen sein, ganz gewöhnlich wie jeder andere. Jeremia muß tatsächlich versucht haben, sich in trotziger Schwermut von Gott abzukehren. Da aber erfährt er die Berufungszusage Gottes, das „*ich bin mit dir*", auf eine neue Weise: Er kann Gott nicht abschütteln. Gott steht nicht wie eine fremde Macht über ihm, der er durch ein Absetzmanöver entfliehen könnte. Gott ist vielmehr die Mitte seines Lebens, ist Feuer in seinem Herzen. Sich von Gott losreißen hieße für ihn, sich selbst zu zerreißen.

Hätte sich Jeremia länger der Sendung Gottes verweigert, länger die Botschaft Gottes in sich verschlossen, er wäre innerlich ausgebrannt. So wendet er sich in seiner Verzweiflung erneut Gott zu. Mit einem an Blasphemie grenzenden Freimut gesteht er die Unmöglichkeit, der Gewalt seiner Berufung weiteren Widerstand zu leisten, die Brandmale seiner Indienstnahme auszulöschen. Gerade indem Jeremia mit Gott rechtet, rechnet er wieder mit ihm. In diesem fast todesmatten Bekenntnis vor dem Gott, *an* dem er leidet, klingt zugleich die Entschlossenheit auf, *mit* diesem Gott auch in der Periode seelischer Dürre durchzuhalten.

Apathie gegen Gottes Sympathie

Wo lag die Ursache jener seelischen Spannung, die Jeremia meinte, nicht mehr aushalten zu können? War Jeremia, ein von Natur aus empfindsamer und zurückhaltender Mensch, einem Auftreten in der Öffentlichkeit und harten Auseinandersetzungen mit allen Schichten und Institutionen seines Volkes nicht gewachsen? Fiel es dem freude- und liebesuchenden Herzen Jeremias, das sich danach sehnte, allen zu helfen und von allen verstanden zu werden, eben zu schwer, verkannt und abgelehnt zu werden? Mußte Jeremia also scheitern, weil seine menschliche Veranlagung sich nicht in sein Amt einfügen konnte, das Humanum sich gegenüber der Sache Gottes selbständig verhielt, ja sich leidenschaftlich dem Zwang entgegenstemmte, seinem Vaterland das künftige Gericht anzukündigen? War es dieser Riß in seinem Prophetendienst, an dem Jeremia innerlich zu verbluten fürchtete?

Aber rang nicht auch Gott um das Heil seines Volkes? Sehnte nicht auch Gott sich nach der Liebe und Jugendtreue seiner Braut Israel? Hatten sich nicht viele einst Glaubende auch Gott gegenüber so sehr entfremdet, daß sie seine Worte nicht mehr erkannten und annahmen? War nicht auch Gott von Schmerz zerrissen, daß er den Seinen eine Strafe vernichtenden Ausmaßes androhen mußte? Was also Jeremia widerfuhr, das war zuvor schon Gott selbst widerfahren. Der seelische Kampf des Propheten, der verkündigend und fürbittend zugunsten seines Volkes wirkt und doch aus dessen Gemeinschaft verbannt leben muß, der an Gott hängt und doch vereinsamt, dieser Widerstreit der Gefühle hat seine Entsprechung im Widerstreit des göttlichen Herzens. Der innere Konflikt, in den ein von Gott Gesandter mit seinem Auftrag hineingerät, ist Abbild jenes Konfliktes, in dem Gott *an* seinem Volk und zugleich *mit* ihm leidet. Jeremia muß scheitern, wenn er dieser Leidensgemeinschaft, der Sympathie – dem Mit-Leiden – Gottes, in Apathie – in Leidenslosigkeit – entkommen möchte.

Zwar zieht sich das angesagte Zornesgewitter über den Tummelplätzen des Unrechts bereits zusammen. Wer jedoch die Unheilswarnungen ernst nimmt, wer die Gnadenfrist nützt und umkehrt, kann sich vor der Katastrophe noch retten. Dieses jahrzehntelange Zuwarten Gottes stellt freilich die Geduld seines Propheten auf eine harte Probe. Geht es doch nicht nur um die Rechtfertigung Gottes, der mit der Wahrheit seines Wortes auf dem Spiel steht, solange die Drohung nicht eingetroffen und damit der Tatsachenbeweis erbracht worden war. Es geht auch um die Rechtfertigung Jeremias, der mit dem Anspruch auftritt, Gottes Wort auszurichten, der aber durch den Aufschub des Verhängnisses in den Augen der Menschen diskreditiert wird. Ohnmächtig gegenüber dieser Zeitspanne, deren Ende er nicht festlegen kann, beginnt Jeremia, selbst an der Treue Gottes und an der Zuverlässigkeit seines Wortes irre zu werden. Diese Existenznot treibt ihn zur Auflehnung.

So wirft er Gott in einer seiner Klagen vor, er sei ihm zu einem trügerischen Bach geworden, zu einem Wadi also, das Karawanen und Herden anlockt, obwohl sein Wasser versiegt ist. Gott ist für ihn unberechenbar geworden, ist ihm ausgetrocknet. In dieser tiefen Enttäuschung hat auch das Bild von Gott als dem Verführer seinen Ort. Der Grund für Jeremias Scheitern liegt also nicht darin, daß Menschlichkeit und Amt sich nicht vereinen ließen. Vielmehr ist sein Glaube ermüdet und vermag die unvermeidliche Spannung der Gerichtsprophetie nicht mehr zu ertragen.

... BEFREIT ZUM BEKENNTNIS

Jer 20,10–13

Ich hörte doch das Gezischel von vielen:
Schrecken ringsum!
Zeigt ihn an! Wir wollen ihn anzeigen!

Alle, denen ich Freund war, lauern darauf,
daß ich strauchle.
Vielleicht läßt er sich überlisten?
Dann kommen wir ihm bei
und können uns an ihm rächen!

Aber der Herr ist mit mir
wie ein gewaltiger Held!

Deshalb werden meine Verfolger stürzen
und nicht aufkommen.

Sie werden sich schämen müssen,
weil sie nichts erreichen, –
eine Schmach auf ewig,
die nicht vergessen wird.

Herr der Heerscharen, der den Gerechten
prüft,
der Verstand und Herz durchschaut:
Laß mich deine Rache an ihnen erleben,
denn dir habe ich meine Sache anvertraut.

Singt dem Herrn!
Preist den Herrn!
Denn er entreißt des Armen Leben
der Gewalt Bösgesinnter!

Anfeindung durch Freunde

Jeremia gerät zwischen Gott und sein Volk wie zwischen Mühlsteine, die ihn zerreiben. Denn seine Predigt stößt nicht nur auf passive Verweigerung, sondern provoziert auch agressive Hinterhältigkeit. Eine anonyme Feindseligkeit macht sein Leben zum Spießrutenlauf. Tritt Jeremia in der Öffentlichkeit auf, merkt er das heimtückische Getuschel, das zwar nirgends greifbar, aber doch überall vergiftend zugegen ist. Man läßt sich erst gar nicht auf den Anspruch einer andersartigen, aber ehrlichen Überzeugung ein, scheut ein offenes Gespräch, bemüht sich auch nicht, Mißverständnisse aufzuklären. Vielmehr wird er, der „Schrecken ringsum" – vermutlich eine spöttische Anspielung auf einen von Jeremia häufig wiederholten Ausruf –, bespitzelt. Seine Äußerungen werden den Behörden hinterbracht. Namenlosigkeit schützt, Menge gibt Sicherheit! Denn die Gegner sind viele. Sie stehen einem einzigen gegenüber, der ihrer brutalen Überlegenheit außerdem wehrlos ausgeliefert scheint. Diese Feinde sind nicht – wie oft im Psalter – nur Artikulation dessen, was den Beter ängstigt, schmerzt und empört, sind nicht bloß irreale Projektion dessen, was in den Abgründen des eigenen Herzens tobt und auf Gott hin entlassen wird, damit er es bändige. Die Widersacher des Jeremia sind reale Leute, wohl jene, die sich durch das Wort des Propheten getroffen, verletzt oder überführt sehen: Priester, Gesetzeskundige, populäre Heilspropheten, Politiker. Um ihrerseits Jeremia überführen zu können, bedienen sie sich seiner engsten Vertrauten. Angehörige und Freunde konspirieren als Denuntianten mit seinen Widersachern. Sie kennen seine Erregbarkeit und sein Eifern, beobachten ihn scharfsinnig und beschatten ihn aus der Nähe. Man paßt auf, ob Jeremia von selbst strauchelt. Und man legt ihm Fallstricke, um ihn zu überlisten und ihm unter dem Vorwand des Rechts den Prozeß machen zu können. Vielleicht verfängt er sich mit einer Bemerkung, vielleicht läßt er sich zu einer unüberlegten Tat hinreißen. Trotz aller Geheimniskrämerei aber entgehen Jeremia die Schlagworte seiner Gegner nicht. Er zitiert sie sogar in seinem Bekenntnis, um damit ihr Treiben zu belegen, ihre Gesinnung offenbar zu machen und ihre Schuld zu verdeutlichen. Seine dramatische Anklage kommt nicht aus der objektiven Distanz des Unbeteiligten, sondern aus der subjektiven Betroffenheit des gefährlich Umfeindeten. Ständig umlauert zu sein, niemandem mehr trauen zu können, das zermürbt. Das „Vielleicht" anhaltender Unsicherheit zehrt an den Kräften. Alle Machenschaften aber dienen nur einem Ziel: nicht etwa, einen – angeblichen – Staatsfeind auszuschalten, sondern die persönliche Rache zu befriedigen. Jeremias Lage scheint ausweglos: Gott kann er nicht entfliehen und den Menschen kann er nicht entkommen. Schweigt er, findet er keine Ruhe; redet er, schafft er sich immer wieder Feinde.

Bei Gott geborgen

In dieser äußersten Bedrängnis spürt Jeremia mit absoluter Gewißheit das „Ich-bin-mit-dir" Gottes. Nur dieses Versprechen hatte ihm auch in seinen inneren Anfechtungen Halt geben können. Es war der einzige Zuspruch, den er bekommen hatte, seit ihn Gott in Anspruch nahm. Dieses Mitsein Gottes garantierte freilich weder eigenes Wohlergehen noch den Beifall der Massen. Aber wo Gott sich als „Herr", als Jahwe, erweist, das heißt, als einer, der rettend da ist, dort weicht die Furcht. Sein Beistand allein gibt Sicherheit, macht zuversichtlich. Jeremia ist nicht mehr allein der Gewalttätigkeit vieler ausgesetzt. Auf seiner Seite steht der Herr „wie ein gewaltiger Held". Er ist stärker als aller Widersacher. Auf diesen Halt kann, ja muß er sich glaubend verlassen. Gefordert ist Durchhalten im Vertrauen, vor allem in der Not. Selbst der Prophet sieht nicht voraus, wie Gott seine Treue verwirklichen wird. Aber er weiß seine Zukunft in Gott geborgen.

Rache an den Gegnern?

Jeremia hat sich aus dem Hadern und Aufbäumen des eigenen Herzens, aus dem Haß und Widerstreit seiner Feinde durchgerungen zu Gott als seinem einzigen, aber mächtigen Beistand. Mit wem er ist, dessen Schicksal wendet sich. So fallen die Anschläge der Gegner auf sie selbst zurück. Sie warten auf Jeremias Straucheln, doch werden sie selbst stürzen. Sie wollen ihm beikommen, doch werden sie selbst nicht aufkommen. Sie verspotten und verlachen ihn, doch werden sie selbst sich schämen müssen und unsterblich lächerlich machen. Denn wer sich Gott entgegenstellt, kann sich nicht auf Dauer aufrecht halten. Nur seine Blamage wird nie vergessen werden. Die Widersacher des Propheten werden mit ihren Intrigen keinen Erfolg haben.

Aber Gott, der „Herr der Heerscharen", ist nicht bloß kraftvoller Anwalt dessen, den er durch sein Wort übermächtigt hat. Er ist zugleich auch gerechter Richter, der die geheimsten Gedanken und das innerste Trachten des Menschen durchschaut. Wer sich wie Jeremia seiner Unschuld bewußt ist, braucht eine solche Prüfung nicht zu fürchten. Die Wiederherstellung des Rechts wird ihm sogar ein Anliegen sein.

Nun können wir uns zwar mit Gottes Rechtschaffen solidarisieren, können die Straffolgen als unvermeidlich verstehen. Was uns irritiert, ist aber der Wunsch Jeremias nach einem rächenden Eingreifen Gottes. Mit einem Rachsüchtigen, auch wenn er ein unschuldig leidender Prophet wäre und nur im Triumph über Gottlose schwelgte, dürften wir uns nicht identifizieren. Seine Rache erscheint uns unbegreiflich.

,,Rächen" im eigentlichen Sinn des Wortes heißt ,,richten". ,,Rache" bezeichnet dann eine privatrechtliche Ahndung eines Vergehens, Verbrechens durch den Geschädigten selbst. Sie ist im Alten wie im Neuen Testament freilich niemals – auch dort nicht, wo sie mit plakativen Farben ausgemalt wird – Reaktion blindwütiger Destruktionslust an einer mißliebigen Welt oder eine kalt vollzogene Aggression an einem endlich zur Strecke gebrachten menschlichen Freiwild. Der für Christenohren so schauerliche Schrei nach ,,Rache" ist vielmehr extremer Ausdruck der Hoffnung auf einen Umsturz unerträglicher Zustände, ist Forderung der Gerechtigkeit angesichts eines überwältigenden Unrechts. ,,Rache" wird – kaum in konkreten Vorstellungen, sondern zumeist nur in vagen Bildern – herbeigesehnt, erfleht, angedroht, aber sie wird von den biblischen Betern niemals selbst vollzogen. Unrecht soll zwar nicht resignierend verdrängt, Angst und Zorn, der Tumult der Gefühle sollen zwar nicht schamvoll verschwiegen, sondern mitgeteilt und ausgesprochen werden. Aber der Fromme der Bibel schafft sich niemals selbst sein Recht, sondern übereignet alle Auswirkungen seiner Gegnerschaft Gott. Alle Rache-, das heißt, Gerichtsbitten, bedeuten somit unbedingten Gewaltverzicht von seiten des Menschen. Sie appellieren nur an Gottes Gerechtigkeit, er möge helfend eingreifen, damit „*sein Reich komme und sein Wille geschehe wie im Himmel so auch auf Erden*", damit die auf ihn Vertrauenden „*nicht in Versuchung fallen, sondern vom Bösen erlöst*" werden. So geht es dort nicht mehr um Rache, das heißt, um eine selbstverantwortete Bestrafung des Gegners, wo die Vergeltung Gott überantwortet wird. Gerade diese Haltung aber verlangt der Römerbrief, und zwar mit einem alttestamentlichen Zitat: „*Rächt euch nicht selbst, sondern laßt Raum für den Zorn Gottes; denn in der Schrift steht: Mein ist die Rache, ich will vergelten, spricht der Herr.*" Dieser Glaube an Gottes Gerechtigkeit ist weder eine Kompensation menschlicher Ohnmacht noch die Utopie einer überweltlichen Macht. Denn „wenn es den Gott der Rache nicht gibt, dann gibt es auch nicht den Gott der Gnade. Die Liebe Gottes (zum Beispiel) am Kreuz Jesu ist eine ohnmächtige und schwache, aber sie ist keine machtlose und schwächliche Liebe. Gott bleibt kein Zuschauer bei den Macht- und Mörderspielen der Menschen" (M. Josuttis). Deshalb rufen auch die christlichen Märtyrer mit Worten des Alten Testaments im einzigen prophetischen Buch des Neuen Testaments, der Offenbarung des Johannes: „*Wie lange zögerst du noch, Herr, du Heiliger und Wahrhaftiger, Gericht zu halten und unser Blut an den Bewohnern der Erde zu rächen.*“

Auch Jeremia will nicht – wie seine Verfolger – selbst Rache nehmen. Es ist „deine Rache“, also Gottes Gericht, um das er fleht. Was hier als Wunsch wiedergegeben ist, könnte freilich ebenso als Gewißtheit übersetzt werden: Jeremia wird Gottes Rache an seinen Gegnern erleben. Auch geht es in diesem Gericht weniger um seine persönliche Rechtfertigung als vielmehr um seine berufliche Glaubwürdigkeit. Denn nicht nur Jeremia, sondern Gott selbst ist in seinem Wort der Angegriffene. Sind die Feinde seines Propheten erfolgreich, verstummt auch seine Botschaft. Letztlich bittet Jeremia Gott für Gott, daß er sich seiner selbst annehme, sich als Gott erweise. Jeremia kann so bitten, weil er seine Sache Gott anvertraut hat. Gott allein entscheidet jetzt über Aufschub oder Hereinbrechen des Gerichtes, das alles Unrecht öffentlich widerlegen wird. Wer sich auf diese Weise glaubend Gott überläßt, der sprengt bereits die beklemmende Enge seines Lebens, auch wenn es von außen noch weiter umfeindet wird. Er kann schon inmitten des Leides jubeln.

Gerettet im Lob

Wie sehr auch das unverwechselbar persönliche Bekenntnis des Jeremia von den Psalmen geprägt ist, zeigen besonders die geläufigen Wendungen des abschließenden Lobes. Wenn in ihm die Gemeinde aufgefordert wird, den Rettergott zu preisen, ist dabei wohl kaum an eine Dankliturgie im Tempel gedacht. Lob sprengt vielmehr not-wendig die Isolierung des einsam Leidenden und drängt ihn zur Mitteilung seiner eigenen Glaubenserfahrung. Wie die Sprache dieser Konfession allmählich ihre Individualität verliert und zunehmend von Gebetsformeln Israels durchsetzt wird, so wandelt sich auch die Vereinzelung Jeremias zu neuen Beziehungen. Fühlt sich der Klagende ausgestoßen, von Gott getrennt und abgesondert von den Menschen, so findet der Vertrauende zumindest Zuflucht bei Gott. Dieses Mitsein Gottes aber stiftet eine Gemeinschaft von Glaubenden, mit der sich der Lobende vereint weiß.

Das Lob am Ende bietet auch den Schlüssel zum ganzen Gebet. Von ihm her erscheint die

Klage am Anfang als Erzählung überwundenen Verzagens und Versagens. Diese Bilanz seines Prophetendaseins ermöglicht es, die Phasen mitzuerleben, in denen Gott die Nöte seines Boten wendet. Wer dabei Jeremia in sich entdeckt, den leitet sein Bekenntnis dazu an, in Anfechtung und Anfeindung Gott auch als seinem eigenen Retter zu vertrauen.

Die Gottesfinsternis des Jeremia hat sich gelichtet. Gott nicht entrinnen zu können, ist nicht nur schrecklich, sondern auch tröstlich. Jeremia durfte dem Herrn nicht nur als dem ganz anderen begegnen, mit dem er nicht rechten kann, sondern auch als dem Beistand, der „Bösgesinnte" richten wird. Gott hat nicht nur Jeremia zum Propheten „vergewaltigt", er wird auch alle, die sich seiner Botschaft widersetzen, überwältigen. Als „gewaltiger Held" entreißt er die vor ihm Armen, das heißt, die in ihrer Ohnmacht ihre Sache ihm anvertrauen, der Hand von Gewalttätigen. Wer im Glauben diese Gewißheit erlangt hat, der kann seine Befreiung nicht bloß erhoffen, sondern sie auch als bereits geschehen jubelnd vorwegnehmen. Mögen ihm auch weiterhin Leid und Kampf zugemutet werden, er ist im Lob schon jetzt gerettet.

In Schicksalsgemeinschaft mit Jeremia

Vielen seiner Zeitgenossen galt Jesus als ein Prophet. Die Urkirche aber hat ihn ausdrücklich mit Jeremia in Verbindung gebracht. Denn das Matthäusevangelium berichtet über die anderen Evangelien hinaus, die Jünger Jesu hätten auf Jesu Frage, für wen ihn die Leute hielten, unter anderem geantwortet: manche hielten ihn für den wiedergekommenen Jeremia. Auf diesen Hinweis folgt Jesu erste Leidensankündigung. Jeremia und Jesus stehen ihrer Sendung und ihrem Martyrium nach in Schicksalgemeinschaft.

Auffallende Ähnlichkeiten finden sich bereits im Verhalten der Feinde des Propheten und der Gegner Jesu. Die Leute aus Nazareth, ja selbst die Angehörigen Jesu haben für seine Berufung kein Verständnis, möchten ihn mundtot machen, ja ausschalten – wie auch Jeremias Verwandte und Freunde diesem nachstellen. Auch Jesus versucht man, durch Fragen und Forderungen zu fangen, um ihn dann anzuzeigen. Mehrfach beraten die Hohenpriester und Ältesten, die Schriftgelehrten und Pharisäer, wie sie Jesus mit List ergreifen und aus dem Weg schaffen könnten. Schließlich bedienen sie sich eines Verräters aus dem engsten Kreis und zahlreicher Denuntianten aus dem Volk, um Jesus den Prozeß zu machen.

Jeremias Klage über den sich verbergenden Gott hilft uns, auch Jesu Aufschrei am Kreuz nachzufühlen: „*Mein Gott, mein Gott, warum hast du mich verlassen?*“ Bei Jesu Taufe und Sendung hatte ihm der göttliche Vater zwar erklärt: „*Du bist mein geliebter Sohn!*“ In der letzten Bedrängnis aber bleibt der Himmel verschlossen. Jesus, dessen Botschaft und Lebensinhalt die Nähe des Gottesreiches war, muß am Kreuz die Ferne Gottes erfahren. Wie zuvor Jeremia ist auch er gerade in dieser Stunde der Lächerlichkeit und Ohnmacht preisgegeben. Dort wie da ist jedoch der Schrei äußerster Verlassenheit kein „Los von Gott“. Das Dunkel, das beim Sterben Jesu weltweit geworden ist, wird durchdrungen vom Klageruf zu dem, der trotz allem *sein* Gott bleibt. Denn wer glaubt, der wagt sein Leben auf einen Gott zu setzen, der auch als der sich Offenbarende immer zugleich der Verborgene ist. Er enthüllt sein Geheimnis oft nur soweit als notwendig ist, damit die von ihm Berufenen und Gesandten seine Botschaft weitersagen. Zumeist können sie sein Wirken erst im Nachhinein begreifen. Wer glaubt, dem muß es genügen, daß Gott sich ihm als *sein* Gott zugesagt hat. Das Schweigen des scheinbar machtlosen Gottes gegenüber Jeremia, das Schweigen des scheinbar abwesenden Vaters Jesu Christi ist nämlich kein Beweis ihres Gottesverlustes. Die Auferweckung ist das letzte, das endgültige Ja Gottes zu dem Menschen, der zwischen Himmel und Erde hängend geklagt und dennoch vertraut hat.

Solidarisch in Leid und Freude

Aber müssen wir christlichen „Normalverbraucher" wirklich so weit gehen wie Jeremia und Jesus? Kann man das von uns verlangen? Schließlich sind wir doch weder Propheten noch Söhne Gottes. Oder doch? Als Christen sind wir alle Boten und Kinder Gottes. Wer Gottes Wort empfangen hat, ist damit auch gesendet. Wem Gott zum Vater geworden ist, der hat viele Schwestern und Brüder. Man kann sein Christsein nicht wie eine unliebsam gewordene Uniform einfach an den Nagel hängen und sich als Zuschauer beim Welttheater in ein egoistisches Privatleben zurückziehen. Wer einmal Gott gefunden hat, der hat im Grunde keine Wahl mehr: er kann entweder für ihn einstehen oder sich anklagend gegen ihn stellen, aber er vermag auf Dauer nicht mehr ohne ihn zu bestehen. Anders als beim Funktionär beschlagnahmt das Ausrichten der guten (nicht immer frohen) Nachricht Gottes einen Menschen bis in seine letzten Tiefen und verändert ihn. Die Botschaft, die uns schon aufgrund unseres Glaubens aufgetragen ist, stößt jedenfalls heute wie einst auf Widerspruch oder Gleichgültigkeit, auf Selbstzufriedenheit oder Herzensträgheit, wird in Abrede oder in Frage gestellt, ironisiert oder verdächtigt. Denn Kirche mit dem Angebot Gottes wird – trotz all ihres Versagens und der Notwendigkeit ständiger Erneuerung wie Anpassung – letztlich deshalb diffamiert und abgewiesen, weil sie die Ideologien konsumorientierten Glücksuchens und sinnentleerender Haben-Bedürfnisse nicht mittragen kann, weil sie repressivem Machtpoker und totalitärer Funktionalisierung des Menschen nicht zustimmen darf. Jeremia wie Jesus mußten zum Umdenken und zur Umkehr auffordern. Beide haben nicht nach dem Geschmack ihrer Zeitgenossen geredet, sich auch traditionellen Tabus in prophetischer Weigerung entgegengestellt. Ihr Leben wurde geprägt von der Sympathie für Gottes Wort, vom Mitleiden der Passion Gottes für den Menschen. Ob uns ihr Schicksal – die „Durchbohrung“ des „Herzens“ – ganz erspart bleiben wird? Müssen wir als Christen nicht das Risiko einkalkulieren, von unserer Gesellschaft zum nichtkonformistischen Bekenntnis, zum moralischen Dissidententum, vielleicht sogar zum Blutzeugnis provoziert zu werden? Zumindest aber werden auch wir das Gelächter der Frechen, den Erfolg der Rücksichtslosen und die Gewalt der sich brutal Durchsetzenden als große Herausforderung empfinden. Werden wir Gott dann nur als beseligende Freude und bergende Nähe erfahren? Werden wir uns nicht auch manchmal an Gott wundreiben, vielleicht sogar unter seiner Last zusammenbrechen? Nur ein Götze verspricht den Himmel schon auf Erden. Aber Gott, der nicht das „Machwerk unserer Hände“ ist, dieser Gott heißt uns einen Weg gehen, auf dem es auch bitteres Scheitern geben kann. Unser Glaube schützt uns nicht davor. Er führt vielmehr fast zwangsläufig in eine Ent-täuschung, muß in der Krise sein Vertrauen und seine Hingabe bewähren. Die eigentlichen Erfolge finden dann nicht dort statt, wo uns öffentlich applaudiert wird, sondern dort, wo Gott geschwiegen und wir trotzdem ausgehalten haben, wo man unsere Berufung und Sendung erschütterte und wir ihr dennoch treu geblieben sind. Jeremia und Jesus sind uns Garanten dafür. Wenn uns ihr Leiden *an* Gott und den Menschen, ihre intime Klage überliefert worden ist, dann nicht zuletzt deshalb, um auch uns zum Einsatz für Gottes Wort zu gewinnen: Auch ich soll mich von Gott verführen, auch ich soll mich von Gott überwältigen lassen – zu einem Leiden *mit* Gott für die Menschen. Dann bleibt er bis an den äußersten Rand des Lebens auch *mein* Gott. Wer sich mit dem Beten von Jeremia und Jesus identifizieren kann, lebt in der erlösenden Gegenwart Gottes und in einer Glaubensgemeinschaft, die sich mit ihm in Leid und Freude solidarisiert.

„Bei dir allein“

Ich habe viel geträumt, mein Gott.
Nicht nur für mich – daß ich es schön haben wollte.
Auch für die andern:
Ich wollte dabei sein, wenn wir die Welt verändern.

Die Zukunft bleibt wichtig.
Aber ich kann dich die Zukunft denken lassen.
Mir genügt es, mir deine Träume anzueignen.
Nur muß ich bei dir sein
in meinem Jetzt am Rande des Nichtmehr von gestern,
des Nochnicht von morgen.
Bei dir allein.
Dann habe ich genug.
Du bist schon mein übergroßer Lohn.

N. Lohfink SJ

Hinweise

„Psalmen beten aus den Erfahrungen des Lebens“ bildet eine geringfügig veränderte Fassung eines Beitrages, der zuerst unter dem Titel „Vom Umgang mit Gott. Psalmen beten aus den Erfahrungen des Lebens“ in der Zeitschrift „Entschluß“ (36. Jahrgang, 1981, Heft 12, Seite 9 bis 16) erschienen ist.
Ein kurzer Ausschnitt von *„Jubel inmitten des Leides“* ist in dem Artikel „Leiden an Gott – Leiden mit Gott. Lohnt es sich, einer Berufung Gottes Folge zu leisten?“ in der Zeitschrift „Entschluß“ (35. Jahrgang, 1980, Heft 11, Seite 23 bis 26) veröffentlicht worden.
Die Nachdichtung des Psalm 30 von *J. Hansen* entstammt seinem Bildband „Nach dem Dunkel kommt ein neuer Morgen. Psalm-Meditationen“ (Verlag für Jugend und Gemeinde R. Kawohl, Wesel 1978, Seite 7).
Das Gebet von *N. Lohfink SJ* ist seinem Buch „Hinter den Dingen ein Gott. Meditationen“ (Herder Verlag, Freiburg i. B. 1979, Seite 103 bis 104) entnommen.

Zu Georg Braulik „PSALMEN BETEN IN FREUDE UND LEID“

Als Augustinus von Hippo sich zum Glauben bekehrt hatte, begann er, die Psalmen zu beten. Er wußte genau, warum. Vom Psalmenbeten erhoffte er sich die Verwandlung seines inneren Empfindens und seines sprachlichen Ausdrucks. Denn daß beides der Verwandlung bedurfte, das wußte er, der leidenschaftliche Sohn der geschäftigen Spätantike. Aber sich durch Psalmenbeten verwandeln zu lassen – wie fern läge uns das heute. Wenn wir darauf kommen, daß unsere Verwicklung in unsere endlos redende Kommunikationsmedienwelt uns nicht zum Guten ist und wenn dann der Entschluß reift, uns dagegen zu wehren, dann fliehen wir am ehesten noch ins wortlose Schweigen der Meditation, wie sie der Osten uns lehrt. Vielleicht ist das als Durchgang auch wichtig. Auch Augustinus hatte zunächst das Unaussprechlich-Eine der Neuplatoniker gesucht, ehe ihm aufging, daß der ferne Gott uns ja nahegekommen ist und daß es eine Sprache zu ihm hin gibt, in die man hineinschlüpfen kann. Für Menschen, die heute an einen solchen Punkt gekommen sind, könnte das Büchlein eines Mönchs hilfreich sein, der zugleich Alttestamentler ist. Seine Fachkompetenz befähigt P. Georg Braulik vom Wiener Schottenkloster, in diesem Buch einen Dankpsalm und zwei Klagelieder Jeremias über den Abgrund von mehr als zwei Jahrtausenden Kulturdistanz für uns herüberzuholen. Doch wichtiger scheint mir, daß er sich selbst offenbar schon lange Jahre den Psalmen, sie im Chor betend, ausgesetzt hat und deshalb aus eigenem Wissen uns Lesern andeuten kann, wie von ihnen her das innere Empfinden und der äußere Ausdruck des Menschen sich verwandeln können.

Norbert Lohfink SJ („Entschluß“ 1982)

Weitere Bücher von Georg Braulik OSB:

STUDIEN ZUM PENTATEUCH

Walter Kornfeld zum 60. Geburtstag

15 Beiträge zur Pentateuchforschung von Ernst Kutsch, Heinrich Gross, Henri Cazelles, Norbert Lohfink, Notker Füglister, Herbert Haag u. a., herausgegeben von Georg Braulik OSB.
272 Seiten, Paperback, 1977

HERAUSFORDERUNG DER MÖNCHE

Benediktinische Spiritualität heute

Herausgegeben von Georg Braulik OSB
Mit Beiträgen von Paulus Gordan, Odilo Lechner, Gerhard Voss, Christian Schütz, Notker Füglister, Anselm Grün, Edgar Friedmann und Michaela Puzicha
236 Seiten, Paperback, 1979

SAGE, WAS DU GLAUBST

Das älteste Credo der Bibel – Impuls in neuester Zeit

Verlag des Katholischen Bibelwerks Stuttgart 1980

„Dieses kleine Buch ist eine seltene Kombination von echter Gelehrsamkeit und sensibler, offener Spiritualität. Es verdient ein großes Publikum und sollte ins Englische übersetzt werden. Spricht es doch ein breites Spektrum realer Nöte der Kirche an und bildet ein hilfreiches Modell einer ‚dienenden Wissenschaft', die klar darauf abzielt, die Gemeinde im Glauben zu stärken."
(D. L. Christensen/Berkeley-Kalifornien)
86 Seiten, Paperback, 1979
